頌臺灣高座作家陳福成教授著《日本問題的終極處理》一書應時發表

倭寇的克星

《鳳梅人》報業總編劉焦智先生囑意 於癸巳仲秋 古稀老卒之

以本書獻給
廿一世紀的中國人
世々代々生々世々的
炎黃子孫

陳福成
2013
台北

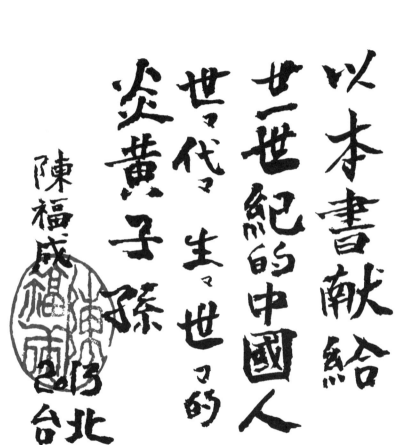

「日本問題」的終極處理

廿一世紀中國人的天命與扶桑省建設要綱

陳 福 成 著

文 學 叢 刊
文史哲出版社印行

國家圖書館出版品預行編目資料

「日本問題」的終極處理：廿一世紀中國人的天命與扶桑省建設要綱 / 陳福成著.--初版 -- 臺北市：文史哲, 民 102.07
頁; 公分（文學叢刊；301）
ISBN 978-986-314-127-3（平裝）

1.民族性 2.民族文化 3.日本

535.731　　102013086

文學叢刊 301

「日本問題」的終極處理

廿一世紀中國人的天命與扶桑省建設要綱

著者：陳福成
出版者：文史哲出版社
http://www.lapen.com.tw
e-mail：lapen@ms74.hinet.net
登記證字號：行政院新聞局版臺業字五三三七號
發行人：彭正雄
發行所：文史哲出版社
印刷者：文史哲出版社
臺北市羅斯福路一段七十二巷四號
郵政劃撥帳號：一六一八〇一七五
電話886-2-23511028 · 傳真886-2-23965656

定價新臺幣一六〇元

中華民國一〇二年（2013）七月初版
中華民國一〇三年（2014）七月修訂再版

ISBN 978-986-314-127-3　　09301

「日本問題」的終極處理
——廿一世紀中國人的天命與扶桑省建設要綱

目　次

1937 年 12 月 13 日開始，日軍進入南京城展開大屠殺。

百人斬り"超記錄"
向井 106―105 野田
両少尉さらに延長戦

百人斬り競争"の兩將校

日本報紙（Japan Advertiser）報導兩個日本軍官比賽誰先斬獲一百個中國人的頭。

日軍斬頭比賽實景之一
（圍觀之日軍皆笑）

日軍斬頭比賽實景之二
（刀剛過頸時，人頭尚未落地）

被斬下之中國人的頭

日軍圍觀用活的中國人練習劈刺術

日軍用活的中國人練習刺殺

日軍圍觀活埋中國軍民

被集體屠殺之中國軍民

無數被日軍集體屠殺之中國軍民遺棄屍江邊

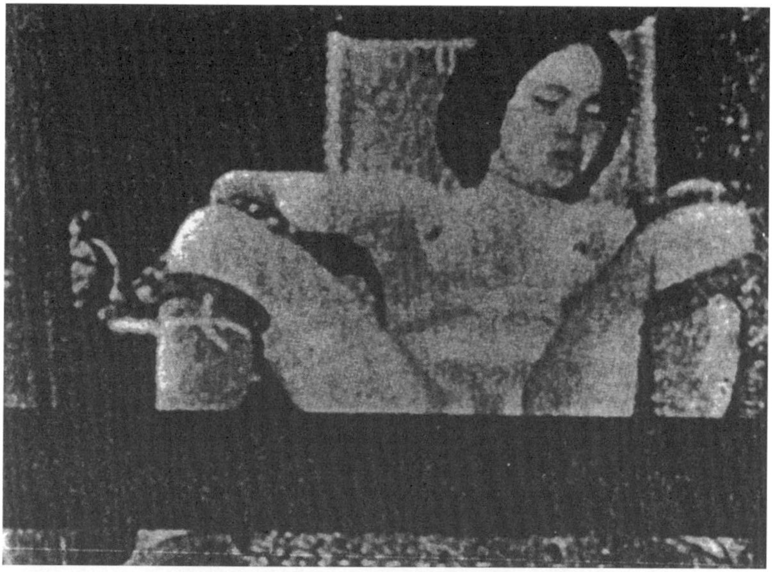

手腳被綁在椅子上之中國婦女遭日軍輪姦

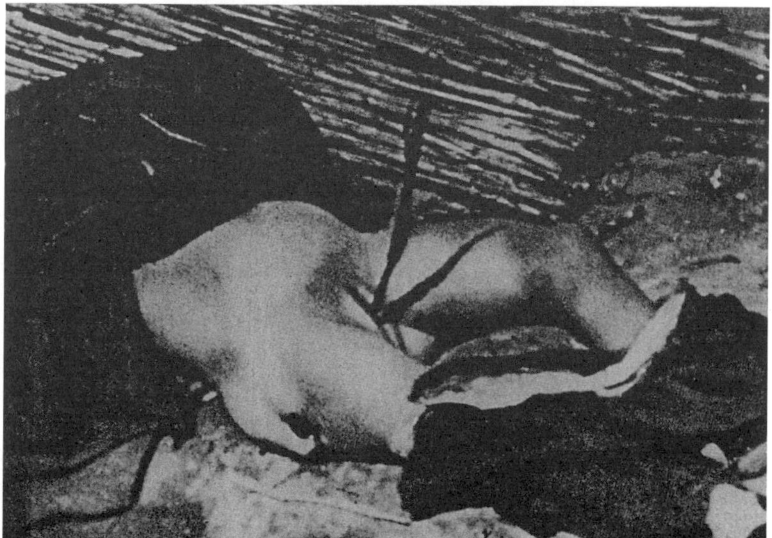

中國婦女遭日軍強姦後被刺刀刺入陰戶致死

日軍強姦中國婦女後拍照留作侵華紀念

抗日戰爭勝利後，盟軍調查人員在被日軍殺害之「萬人塚」前留影

緒論

人類社會從古至今，戰爭從未唱過休止符，且隨著文明文化之進步，「戰爭機器」卻日愈先進且壯大，使戰爭規模愈大，殺傷力更大，地球上的戰火更多了！預判人類社會的未來，還是免不了戰爭！戰爭！

這種情形只能說人類的習性加上文明文化發展的「負」作用，使戰爭合理化、常態化。畢竟，為爭生存、發展、反抗壓迫，有時不得不使出極端手段。當代最有名的實例，如伊斯蘭世界為反抗美國為首的基督世界透過資本主義剝削、壓迫，正式戰爭又非美軍對手，乃發展出「無形組織基地」對英美社會進行恐怖攻擊，賓拉登的「九一一」只是幹下最大票的一個。

賓拉登雖幹下「九一一」，但他只是要美國改變政策，給阿拉伯世界的安拉子民一個自主的生存空間，這是偉大的情操，所以他才是阿拉伯世界的英雄；他並沒有企圖要佔領美國、統治美國或要奴役美國人。所以，「九一一」事件美國活該！美國人罪有應得！

希特勒的納粹集團雖然也可惡，但他止於為害一代，二戰後的德國人基本上有反省、有認錯、有賠償（給受害猶太人家屬）、有道歉。後代的德國人並未將侵略、佔領別國，持續又訂為一種國家政策，或通過「政治社會化」（Political Socialization）過程，培養國民習性的「政治文化」（Political Culture），使國民對國家的侵略政策在無形中，再建立了「政治價值」和「政治效忠」的習性。因此，流著日耳曼血統的德國人，依然是可敬的族群，他們有一代可惡，有一代犯錯，並沒有世世代代都犯錯下去！

但地球上卻有一個不良的種族，他們數百年來對外侵略都成為國家政策，世世代代教養國民以對外侵略為他們「民族之天命」，這就是以大和民族自居的日本國。（可先參閱附件二）數百年，日本人對四鄰發動無數次大小侵略戰爭、大小屠殺，死傷超過希特勒殺猶太人的百倍之上。但這個侵略成性的倭寇鬼子族，對於數百年來造成幾億人傷亡的大災難，從不認錯！不道歉！不賠償！世世代代視為應該！視為合理！現在，他們正在大力復興軍國主義精神，未來數十年內，至少本世紀上半葉內，必將再對鄰國發動侵略戰爭。

亞洲各遭受日本侵略的各民族，各國家，你們要怎麼辦？大家要面對的大災難要怎麼辦？你世世代代祖居之地有個惡鄰居，他們曾經殺害了你的曾曾祖父母，又殺了你曾曾祖父母、曾祖父母、祖父母及父母，還有很多親友，現在你和兒孫又受他威脅，怎麼辦？讓日本鬼子再來侵略一回，把你們的婦女捉去先姦後殺嗎？年輕美麗的送去日本軍營當慰安婦嗎？地球上唯一不該存在的惡質劣等種族，就是自稱大和民族的日本鬼，必須有方法將他們徹底清除掉！本書以下把這問題說明白講清楚。

第一章　問題源頭

——武士民族的侵略性首次自「魔盒」竄出

這個由我國秦朝徐福所率領五百童男和五百童女所繁衍下來的種族，因和大陸一水之隔，發展出個別性頗殊異的文化。到了我國唐代，他們派了很多「遣唐使」來學習中華文化。因此，所謂的「大和民族」，在以後的數百年間，其實都屬於所謂的「中華文化圈」內，是一個愛好和平的民族。

但大約到了十六世紀初，這個民族因一些政治野心家的煽動，開始質變出狼子野心侵略性，認為向亞洲大陸擴張是武士民族的「天命」。他們忘記中華文化的「武」是「止戈」之義，而不是侵略和佔領。

當時有兩個最邪惡的野心家，一個叫織田信長，一個叫豐臣秀吉。這兩人都說過這樣的話，「我不幸生在這東洋小島！這彈丸之地不足我揮灑！」

原來當時已有許多日本野心家，早已覬覦中國地大物博，物產豐美，織田信長當國時代（西元一五六七—一五八二），先提出「假道朝鮮西征中國」之大戰略構想，並向人民進行有計畫的宣傳洗腦（即政治社會化），謂將大陸及週邊島嶼納入日本版圖，是大和民族之「天命」，遲早必須完成此項民族大業。

我國明萬曆十年（一五八二年），豐臣秀吉繼織田信長而起，以武力平定各反對勢力，即整軍經武，提出「統合日中朝」三國合一的戰略計畫，宣告國民要統一東亞，終結中國和朝鮮，建設「大日本帝國」。

經十年準備，打算以一年多時間消滅中國。當時日本已有三十三萬兵力、朝鮮二十萬軍、大明八十萬軍。

明萬曆二十年（西元一五九二年、朝鮮宣祖二十五年、日文祿元年）四月十三日，日軍以小西行長為先鋒，率二萬軍，大小艦艇七百艘，由對馬渡海奇襲釜山，才四天朝鮮第一線全告瓦解。倭國軍隊以兩路北進，沿途望風披靡，所遇朝鮮軍竟皆不戰而降，在歷史上，朝鮮國防都建立在「等中國援軍」為反敗為勝之唯一途徑。

同年五月，倭軍圍攻漢城，時漢城守將李陽元、金命元為都元帥守漢江，見倭國鬼子大軍氣盛，望敵而懼，竟先棄部隊不顧，化裝逃亡。倭軍兵不血刃，拿下漢城再北進平壤，竟也未戰就拿下平壤，到六月上旬，以不到兩個月時間，就亡了朝鮮國而佔領整個半島。

朝鮮國王李日公與一干臣民逃至義州（在鴨綠江邊），等待大明皇帝的援軍復國。

在明朝方面，戚繼光等名將早已謝世，所以這時的萬曆皇帝正苦於兵多無將之困境，主持國防是一個叫石星的書生，反應太慢，到朝鮮已全部淪亡，才感事態嚴重。八月才頒佈動員令，任命兵部侍郎宋應昌為援朝經略，總兵李如松為東征提督，大軍準備開往朝鮮半島，拉開歷史上第一次中日大戰，史稱「中日朝鮮七年戰爭」。

而這也是倭國那些狼子野心政客向人民宣傳洗腦「征服中國論」後，侵略性的武士種族打開了「魔盒」，魑魅魍魎竄出的第一次對外侵略「試刀」，第一次實踐所謂「大和民族的天命」。

這場戰爭經過在許多軍事戰史有詳載，不須贅言，只講結論，從萬曆二十年四月起，到萬曆二十六年底，倭軍被全部殲滅止。先前中朝諜報人員得知一項密件，豐臣秀吉已在八月十三日病歿，死前有「公開」的正式遺命：

（一）德川家康繼掌國政，收拾殘局。

（二）表示戰爭時機不對，錯估大明情勢，防明軍大舉來報。

（三）儘快從朝鮮撤兵，「勿使十萬兵成海外鬼」。

但有未公開的「密令」，仍稱征服亞洲，建立「大日本國」為亞洲盟主，是大和民族世世代代之「天命」，要完成這天命只有消滅中國。此項所謂「天命」之說，在日本高層代代都有共識的傳承者，乃至一些文人作家也都以完成天命創作，用以影響他們的人民。

這場戰爭造成的財物損失不計其數，人命死亡總數，日軍二十萬在朝鮮戰死、朝鮮軍二十萬有九成亡，明軍二十二萬約三成戰死。但死亡最多是朝鮮平民，因為日軍每到一城就姦殺擄略，進行大規模「屠城」。在一本朝鮮戰後的書叫《亂中雜錄》說：「喪亂之餘，死民之八九矣！舉國陷入絕境，土崩瓦解，險些滅種！」

總計這場倭國魔鬼開啓的無端戰爭，三方正規軍死亡總數約五十五萬人，最慘的是朝鮮平民，被日軍屠殺及因戰事而亡者至少數百萬，否則怎可能「險些滅種」？如今這個全韓國的「民族之仇」，南韓人民早已忘了，北韓人民仍記著，兩韓應停止內鬥，共同對付倭鬼才是，日本一日不亡，朝鮮和中國便一日不安全。因為武士民族的侵略性永不消失，遲早發動征服中國之戰，朝鮮是第一戰要拿下的目標。

朝鮮七年之戰，倭軍雖被全殲，但大和民族的「天命」之說已經誕生了，他們世世代代的高層統治者、野心家都傳承了這個天命，向全民宣傳洗腦，人民亦以為是。此後的數百年，全亞洲都慘了！一波波的戰爭！一波波的屠殺！無數人命傷亡，都因這個武士民族的狼子野心，災難永不休止。

第二章 大和民族給亞洲的災難

──血債應血還

朝鮮七年之戰役後，日本進入長期休養生息狀態，十八世紀後啓動一系列政治改革，此期間沒有對外侵略，與他們的「閉關」政策有關，而「天命」之説在他們的大內高層也並未遺忘，武士的魔性侵略幽魂隨時會被大和子民喚醒。根據各種史料證據得知，十八世紀中葉後，倭國的教育體系中已啓動了「國家洗腦機制」，開始教育小孩美麗的夢想、希望在中國的某地等，以及「大日本國」的國境線應向外擴張到中國的某處，凡此不擇手段，人民不知不覺都被洗腦了，這是地球上最惡質的種族，最不該存在的物種。十九世紀開始他們的擴張行動，四鄰災難於焉臨頭，條列大要如下：

△**一八七三年四月**：中日《修好條規》交換批准。次年倭人即背信於五月出兵台灣（即牡丹社事件），是第一次出兵台灣，滿清還償日本銀款五十萬兩。

△**一八七九年四月**：倭國併吞琉球，作為從海上進兵中國的第一起站。（琉球至今仍是中國領土，我國遲早要收回。）

△**一八八二年起**：倭人不斷在朝鮮製造兵變、政變、兇殺案件，準備吞併朝鮮。

△**一八九四年八月**：是年五月，倭人在朝鮮挑起爭端，六月朝鮮請清政府派兵入朝，清兵入朝，八月中日「甲午戰爭」爆發。至次年

滿清戰敗，簽《馬關條約》台灣再次被倭人佔領。

△**一八九四年十一月**：倭國佔領旅順、大連兩城，在兩城進行大屠殺，平民死者數萬，旅順全城活口只剩三十六人。

△**一九〇〇年**：倭國亦是八國聯軍中的主要劊子手。

△**一九〇四年二月**：日俄戰爭在中國領土開戰，倭國再佔領遼東半島。此期間，亦有無數平民死於日俄之戰。

△**一九一〇年八月**：倭國正式吞併朝鮮。

△**一九一一年**：加強干涉辛亥革命，同時積極策劃「滿蒙獨立運動」。此時倭人的「亡華戰略」已有進步，他們計畫先分裂再逐一消滅。

△**一九一五年**：向袁世凱提出滅亡中國的「二十一條件」。

△**一九一六年**：三月倭國又策動第二次「滿蒙獨立」，八月「鄭

家屯事件」，九月「朝陽坡事件」，都是倭人以實兵進行武裝挑起戰火。

△**一九二〇年**：倭軍入侵我吉林省，五月製造「五卅慘案」，十二月倭人侵入東北。

△**一九二七年**：四月倭軍在漢口製造「四・三慘案」，七月登陸青島，侵入濟南。次年製造「濟南慘案」，殺我平民六千多人。

△**一九二七到一九三七年**：對倭人而言，這十年算是對中國發動全面戰爭的「緒戰」，已有無數中國子民無端的死在倭國的侵略戰火下。

△**一九三七到一九四五年**：倭國全面進攻中國，是我國的八年抗戰，人命財產國寶等損失，不可計量，光是人命而言，未計其他鄰國，我國戰死軍人約三百多萬，平民因戰爭而亡也上看七、八千萬人，這其中有包涵南京大屠殺在內的數百萬人民，是被倭鬼用各種方法殺害

的。而因戰亂間接死亡的人，更不可計量！

△其他各國傷亡：包括倭國偷襲美國珍珠港，為獲取戰略物質，入侵佔領安南、新加坡、馬來西亞、菲律賓、印尼，及美國投入兵力的傷亡，亦難以估計。

而在倭國自身，也有數百萬軍人死在戰場，平民之亡應不在少數，為了他們先人留下一則「侵略神話」，這個民族便生生世世中邪了，變質了！失去人類的本性，不會反省、不會檢討，只會殺人、吃人和強姦女人。這樣的種族存在地球，是地球的禍源。存在亞洲則是亞洲的災難！要怎麼辦？血債只有血還！要怎麼還？

很多人都說日本要賠錢，那全是空話，倭人連道歉都不說，不承認侵略罪行，怎可能賠款？再百年也要不到半文賠款！只有血債血還一途！為救地球、救亞洲、救人類，必先滅了這個「異形」！

這個已俱「天生侵略性」的劣質種族，不該存在地球上還有一個理由。根據吾國當代著名思想家、詩人吳明興博士，對「倭種源流」有深入研究，倭人是人類從獸性進化至今，保留最多獸性的物種，他們不會「笑」，又不會「哭」就是證據，只是一種欠缺人性的「類人」，更實在的說，他們是「類人」再質變的「異形」，絕不能存活在地球上。

第三章 二戰後倭國快速重返軍國之路

倭國為四鄰帶來無數天大的災難，包涵自身人民也傷亡慘重，二戰雖以「無條件投降」，但數十年來全世界可曾聽聞該國政府道過歉？說過要賠償？從未有過。不僅如此，倭國愈來愈強硬了！高官帶頭參拜靖國神社（二戰戰犯放骨灰之處），聲稱「慰安婦」是自願的，是她們感到光榮的；以及在教育體系中，又開始「美化」他們的戰爭罪行，稱他們先祖對四鄰的侵略並非「戰爭」，而是大和民族在「天命」實踐過程中，一種必要的「敉寧」作為，這些都只是二戰後數十年他們內部的「文事」。這樣經過半個世紀的「清洗再清洗」，現在日本年輕一代完全不知道他們的父祖輩的獸行和侵略（詳見書後附件二），世界各國（尤其亞洲各受害國），全都束手無策！怎麼辦？

而在「武備」方面，二戰一結束不久，倭國就已開始一步步進行復興軍國主義之路，他們一步一步幹，有時退一步進兩步，以應付四鄰的反對聲浪。重返軍國之路大致有以下軌跡可看出，他們遲早還要對四鄰（主要是中、韓）發動戰爭，中、韓兩國應有警惕，或先下手為強：

一、從民間工商界發動「產業與軍事一體」

從民間發動這種「軍事化國家」，可以降低在國際上的敏感度，可以騙過很多眼睛，而「民間呼聲」當然背後有一股神秘的勢力在推動著。所以二戰後經二十年休養醞釀，到一九六九年十月，當時防衛廳長官有田提出擴張軍備方案，在《第四次防衛計畫大綱》考量：

（一）增強海上防衛力量。

（二）充實空中攔截作戰能力，提高空防戰力。

（三）提高反登陸、反空降作戰能力。

（四）軍用武器、裝備國產化。

（五）在琉球佈署機動力高、獨立性強的戰力。（註：注意！琉球至今仍是我中國之領土。）

以上只有少部份是守勢作戰思維，大部是攻勢作戰考量，尤其第（四）項武器裝備國產化，更是建立龐大軍隊必要之「根」。這樣的「產軍一體化」，二戰後到韓戰期間，他們早就開始對人民「洗腦」

了！

二、藏軍火工業於民間，三菱為重鎮

行家都知道，三菱重工是日本的「國家兵工廠」，舉凡天上飛、陸地跑、水面水下行的各種先進兵器，三菱都能製造，這當然要由國策來支持，配合民間社會的「國家主義」，把大錢用於軍備就能取得人民認同。因而二戰後的數十年，軍費「聖地化」成為全民共識，也就是國家所有預算分配中，社會、教育、福利⋯任何方面都可減可少，獨軍費不受任何因素動搖。

因政、經、軍、心的強化，到一九六〇年代日本國家整體力量已排名世界第八強，僅次於美、蘇、中國、英、法、西德和加拿大。

日本軍火工業雖以三菱為重鎮，但所有民間產業都有製造軍用武器裝備的能力，電唱機、電視等民生用品的某些零件，可能和軍機戰艦某零件是通用的；其他如石川、東芝、日立、川崎等，也是主要軍火工業。

從軍費增加率觀察，到一九七〇年代，日本都排名在世界第一位。按此努力下去，早在一九九〇年代，各國軍事觀察家一致認為，日本海軍的實力可能超越英法之上。但，大家都知道日本是「沒有軍隊」的國家，卻有如此強大的戰力，很可怕！

三、民間設立鈾元素提煉廠、研發核武不製造

把一切製造「殺人兇器」的行為，全都推給「民間」，不是政府幹的，是一種不高明的「瞞天過海」之策。現在連提煉鈾元素、研發核武也推給「民間」，早在一九七一年，三菱重工和美國西屋公司簽

約，由三菱金屬公司成立鈾元素提煉廠，使製造核彈、核潛艦等，都具備了可製造而不組裝的準備條件。由三菱建造的「淚滴型」潛艦已是一流原子動力潛艦，只差未將原子爐裝到潛艦上，但隨時可以裝上。

美國西屋公司為何要幫日本建廠，尤其提煉鈾元素。美國對中國政策一向是「明統暗裂」，公開支持一個中國，暗地裡不擇手段分裂中國。

當二〇一一年「三一一」天譴大浩劫，震出日本一些製造核武秘密，世人疑惑，其實他們四十年前就開幹了。

四、推翻「和平憲法」、重返軍國主義之路

這是一條很快可以走到的路，一九九五年檢討第五期（一九九六到二〇〇〇年）《防衛計畫大綱》，將原「北方防衛政策」修改成「全

方位防衛政策」。

進入廿一世紀腳步更快，二〇〇六年十一月，防衛廳升格為防衛省，二〇〇七年元月九日正式升格生效。

而在推翻「和平憲法」進程中，多年來不斷在宣傳，也要從民間來發動，這是邁向軍國之路上必須搬走的「最後一塊石頭」。

每隔一些時日，倭國野心家會去參拜靖國神社、會聲稱慰安婦是自願的、沒有侵略、沒有南京大屠殺、沒有入侵朝鮮⋯及釣魚台、北方四島⋯故意製造一些議題，乃在刺激中、韓等國，利用外在的反作用力，激化國內的民族主義，創造軍國主義的有利環境。

從短期看，倭國的重返軍國之路，似乎順利的一步步完成；但長遠看，野心家是把倭國帶向滅亡之路。二〇一一年「三一一大浩劫」，東京都的石原老鬼就說「天譴」，二〇一三年春之季韓國人也說原子彈轟炸是「神譴」，天和神都容不下這個惡質的獸性武士民族！應使其從地球上消失！

第四章 最近的緒戰及三十年亡中國之大計

日本要滅亡中國，並非什麼新鮮事！也不是新新聞！人家已經「屢戰屢敗」的幹了幾百年了，只是許多醉生夢死的中國人豪無知覺吧！

為了要一舉「三月亡華」，日本人做了三十多年準備，打了二十年「緒戰」，才在民國二十六年發動全面攻勢，要一舉就消滅中國，統一日中朝，建立「大日本帝國」！可惜又慘敗！為何？

有人這樣形容中國人，說中國如太平洋的水，日本鬼子如一把利劍，倭鬼拿這把利劍刺入太平洋的水，如入無人之境，但不久利劍銹壞，再不久消失不見了！這是千真萬確的。古來也有許多「異族」入侵中國，現在那些族何在？當年的「入侵」是以後的中國一份子，使中國更壯大而已。日本鬼子若真來統治中國，大約百年左右，大和民族便消失了，或成為中華民族的一員。

但當下現在的中國，已非清末的「睡獅」，或民初之分裂，廿一世紀是中國人的世紀已然到來，中國已經崛起。不知死活的倭國野心家、政客死命挑釁、教唆、撥弄，乃至「緒戰」準備開打了（見附件二），包含每隔一段時日挑起釣魚台神經、參拜靖國神社、否認侵略罪行…都是為要激怒中韓開罵，用以凝聚其國內民族主義力量，使加強軍備和重製憲法合理化。

最近倭國利用釣魚台的挑釁行為，及中國方面反應（如後圖），解放軍聲明隨時可以開打，中國人真的硬起來了！早該硬了，要更狠才對！利用機會一舉消滅倭人！

同時，倭國防衛省也假想來自俄羅斯和北韓的攻擊，但主要還針對中國，在「新戰略構想」中，預設三種和中國發生軍事衝突的情景：（一）在釣魚台；（二）在釣魚台和石垣角、宮古島；（三）在釣魚台、石垣島、宮古島和台灣（即東海全面交火）。

再者，倭國新的防衛大綱將在二〇一三年夏修訂，再把戰力提昇為「統合防衛戰略」。按此，倭國軍力將快速全面升級，以駐日美軍第三十一海軍陸戰隊為模本，建立倭人自己的海軍陸戰隊，轉型成一支攻勢戰力。

附件二是「大日本帝國與國聖戰計劃：滅亡中國之戰略步驟」，在日本民間社會流行很久，相信很多中國人也看過，你是否覺得中國人要先下手，消滅大和民族，完成中國在元朝未完的民族大業！

中國時報
CHINA TIMES

A1 要聞 假日報

中華民國101年9月15日／星期六 農曆壬辰年七月三十日

101.9.15.

中國6船巡航釣島

挺進12浬內

日船盯船 未攔截

中國大使強調是正常維權巡航
不接受日本抗議
918紀念日 香港保釣人士決再登島

▼中國海監船昨有6艘進到釣魚島12浬內宣示主權。圖為中國海監51號（左）與日本海上保安廳巡邏船（右），背後為釣魚台。海監船最近釣魚台，最近時離島僅只4浬，到當日下午才離去。（路透）

■中方：共派6艘2組巡航編隊，其中海監50號，重4000噸，最大航速18節，續航力＞1萬浬

■日方：海上保安廳11管區負責出動大批巡邏船，採船盯船戰術，配以多架巡邏機
主要船艦類型
1.PLH型：津輕型巡邏艦（最常見）＞3000噸
數穗號（全球最大巡邏艦）6500噸
2.PL型，如伊豆號 700-3500噸
3.PM型

大陸逾50城市 反日大遊行
北京萬人抗議
怒砸日本使館
101.9.16.
中國時報
中國時報
CHINA TIMES
火爆場面
國旗也來了
▲▼昨日北京與大陸逾50城市掀起反日大遊行，近萬民眾在日本駐北京使館前抗議，與鎮暴武警發生推擠；左下圖為交通安全錐也被示威民眾扔出來。（美聯社）

大陸反日情緒高漲，東莞地區一家日本料理店，不僅暫時關門歇業，還掛起「釣魚島是中國的，中國民間企業」的紅布條。

圖／苗君平

北京鄰近日本使館區的好運街上，多家日本餐廳擔心被砸店，都暫停營業，並在窗口貼上「愛國標語」。

圖／汪莉絹

中日釣島衝突升溫 共軍報喊話

解放軍隨時準備開打

王銘義／北京報導

中國時報 2013.元.21

在中日釣魚台主權衝突持續升溫之際，中共黨報、軍報近日瀰漫著「不惜一戰」的激進聲浪！《解放軍報》昨天更在頭版的專題文章強調，軍隊只有「打仗」和「準備打仗」兩種狀態；「和平積習」是戰鬥力最致命的腐蝕劑，是當前軍事鬥爭準備的頭號大敵，必須堅決清除。

中央軍委副主席許其亮近日也強調，要強化針對性對抗性實戰化訓練，確保一旦需要，堅決捍衛國家主權、安全和領土完整，做到一切工作向打勝仗聚焦。

許其亮近日在駐洛陽、青島部隊考察。他先後到解放軍外國語學院、濟南軍區某紅軍師、和海軍北海艦隊等單位。

他強調，要堅決落實中央軍委主席習近平能打仗、打勝仗的要求，牢固確立戰鬥力標準，堅持不懈拓展和深化軍事鬥爭準備，做到一切工作向打勝仗聚焦。要強化針對性對抗性實戰化訓練，努力鍛造一批精銳之師、拳頭部隊，確保一旦需要，堅決捍衛國家主權、安全和領土完整。

據北京有關人士說，面對釣島情勢演變，解放軍必須做好軍事鬥爭準備，也必須掌握輿情動向，對國際社會的「軍事宣傳」將是中共軍方的重點。

因此，軍報近來升高的言論與公開部隊番號等作法，應與軍方的宣傳策略有關。

在中日兩軍敏感互動之際，解放軍總參日前根據習近平在廣州戰區的談話，下達《二〇一三年全軍軍事訓練指示》，要求樹立「隨時準備打仗」的思想，確保在黨中央、軍委一聲令下，能夠召之即來、來之能戰、戰之必勝。

《解放軍報》昨天頭版「準備打仗：先向和平積習開刀」標題，引發關注。專文稱，長期不打仗，戰備意識淡漠，打仗思想弱化。軍隊的衰敗，往往就是從滋生和平積習開始的，清朝「八旗鐵騎」的蛻變過程就是反面教材。

文章並稱，「縱觀國際風雲變幻，我們須臾不可放鬆懈怠；我們更須揚鞭策馬，因為有一根弦我們緊繃著，有一種責任我們肩扛著，有一聲號令我們等待著：時刻準備著！」軍方明顯在表達「隨時準備打仗」的軍事態度。

（相關新聞刊A13）

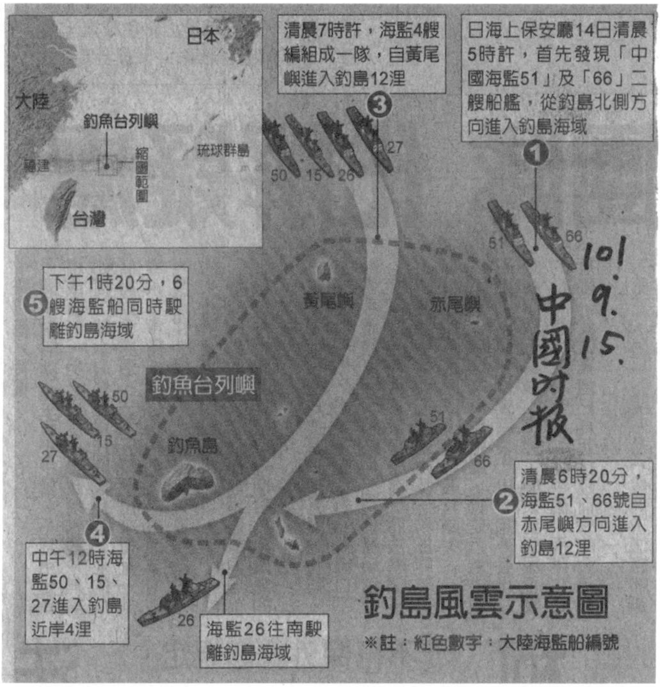

大陸多個城市昨天持續反日大遊行，北京的示威者舉著「對日宣戰」的聳動標語。　圖／路透

第五章 「日本問題」的終極處理

——中國的最後統一之戰及扶桑省建設

中國歷史的最後「統一之戰」，並非兩岸統一，而是兩岸之後，收服倭國列島，改設「中國扶桑省」之聖戰。這要大破壞、大建設，有大眼光的中國大戰略家才辦得到。

若不如此，難到等小日本鬼子第四次、第五次…侵華，滅亡中國，讓倭人統治神州大地？是故，終極「處理」日本問題，是中華民族最後的統一之戰，必須徹底消滅倭人，將該各島改成「中國扶桑省」，之後進行大建設。整個過程所能選擇的使用手段，只有兩種，但其實只有一種可行。

第一種，用傳統戰（即不用核武）：這是長期戰，缺點是拖的時程難以管控，變數很大，過程中受國際干擾太大，不可能「功德圓滿」。假設這戰爭在二〇二五年爆發，中國要用所有空中火力，對日本各大城市、國防軍事戰略目標，日夜不停轟炸至少兩個月（以當時武器殺傷力為準）。到最後仍要至少一百萬部隊登陸日本本土，才能消滅剩餘倭軍，並完成軍事佔領，實施軍管至少數年。

這種傳統戰的登陸佔領風險也很高，倭人絕對誓死底抗。以二戰為例，日本見大勢已去，準備進行「最後之戰」，他們叫「玉碎計畫」，即組織全民為兵，估計尚有一億人可上戰場，要與登陸美軍糾纏到底。

如此，尚要死多少美軍？恐怕不可估計了！而戰爭還要持續多久？也是未知數。

幸好，美國適時丟下兩顆原子彈，鬼子眼見「寡婦死了兒子」，只好投降。所以，核武對減少更大傷亡，快速結束戰局，很管用！如此，即證明傳統戰對終極處理「日本問題」，不實際！也不管用！剩下只有用核武。以核武解決日本問題，最務實，最合人道，也合正義原則。

第二種，使用核武戰：此一戰法要訣在秘密、快速，迅雷不及掩耳，一舉發動，數小時內宣佈結束戰局，使國際來不及反應。如二戰時美國在倭國丟下兩顆原子彈亦如此法則。

中國人要終極解決「日本問題」，使亞洲地區永久和平，只此一途，別無法門，以核武一舉消滅倭國。以廿一世紀新核武之威力，大約在北海道、東京、大阪及本州地區，投四顆核彈，最多五顆，即能消滅全部倭人之戰力和七成人口，剩下的倭人約數千萬。當然倭軍會反擊，中國沿海各省也會有傷亡，但中國承擔得起！也值得承擔。

為什麼說「中國承擔得起！也值得承擔。」？這當然和中國立國數千年來的立國精神、人口、資源，以及「廿一世紀特定任務」有關。略說之。

第一、中國幾千年立國精神，除確保自身和平安全，也負責確保週邊地區（至少是亞洲）的和平安全。故，滅倭，要承擔，值得承擔。

第二、以中國的人口、領土及一切資源，就算不能滅倭，打十年傳統戰亦足以拖垮倭國。亡中國，不可能；亡日本，並不難。只要中國人自覺、覺醒，用傳統戰、核戰都能消滅日本。故說，中國承擔得起。

第三、面對廿一世紀地球村的來臨，小日本鬼子又成為全村唯一的禍害，若不除害，全村如何安寧？全村婦女那能放心？中國人有責任、有義務為全村除害，中國承擔得起！值得承擔！

核戰後，倭國已是一片焦土，必須進行大移民，至少有一半要移到亞洲內陸去墾荒，同時開放亞洲各國多餘人口移入。倭國改成「中國扶桑省」，會有十多年的大建設時代，約三十年（一代人）地球上再也沒有「大和民族」這個劣種。從此亞洲各國再不擔心「鬼子殺來了」，各國婦女也好安心過日子，不用再擔心被日軍拉去當「慰安婦」！

核武解決日本雖有人道考量，但比較有史以來日本給亞洲帶來的死傷數字，及未來必將再對外侵略，造成死傷更多更大。以現在日本人口總數拿來血債血還，就算起來，還是便宜，很合人道！很公平！可能還不夠還！終極處理倭人問題，以用核武最能「功德圓滿」。

目前各國（含我中國）尚有許多呼聲，要求倭國賠償二戰損失，這些全是空話，不實際，再叫千年也得不到半文賠償。只有以核武消滅倭人，才最合理、最公平、最實際，也最合人道。

結論

我問讀者、看倌一個問題，你世世代代祖居之地有一個惡鄰居，他殺了你的曾曾祖父母，又殺了你的曾祖父母、祖父母，又殺了你父母，以及許多親友也受害。現在你和兒孫也不安全，怎麼辦？

倭國從他們的先祖，織田信長和豐臣秀吉，以其狼子野心製造出所謂「大和民族天命」，等於為他們後世子孫帶來無窮災難，也給亞洲各國人民無端帶來無窮苦難，無數人命傷亡。

亞洲各國之中，受傷害最深而有能力終結「日本問題」，是廿一世紀的中國人。放眼當代中國四鄰，對中國最危險而有領土野心者，只有日本鬼子，消滅倭國，收服改設「中國扶桑省」，是廿一世紀中國人的天命！

而終極處理之道，唯使用核武一途，合乎人道又便宜，至於發動時機則視當時國際情勢。

非要用核武消滅這個種族嗎？這只能說為使全數亞洲人民安全生活的「必要之惡」，因為武士民族有天生的侵略，假如說地球上有那一物種不該存活，那只有東洋這些倭族了。

數百年來，很多中國人也在思考如何終極解決「日本問題」，也許時機未到，也許尚無覺悟者能悟透廿一世紀的中國人有此「天命」，我以第一個覺悟者，首次提出以武核終結「日本問題」，改建成扶桑省的大戰略構想。

我以此大戰略構想獻給廿一世紀的中國人，待時機成熟拿出決心，快速完成天命，給廿二、廿三…世紀的炎黃子孫，及亞洲人民，一個可以安全生活的家園。本世紀未完成，下世紀遲早終要完成，倭人不滅，炎黃子孫生生世世都不安全；而亞洲及世界，亦永不安全。

身為中國人，身為炎黃子孫，你是否聽聞過中華民族有一個「天命」，若不知，現在你已知，這個天命就是消滅日寇，收服該國領土改設「中國扶桑省」。

末了，我說一則佛經上的典故。佛陀知道了一個大惡人要殺害五百個好人，且情勢危急，為救五百人命，佛陀先下手殺了大惡人，使五百善人得救。以核武終結倭人，你不覺得正合佛法旨意嗎？

附件一：現在無知的年輕日本人根本不知道父祖的獸行侵略

——身為中國人你要怎麼辦？

無恥的軍國主義者說當慰安婦在當時是一種榮耀……

我們在自我安慰的寄希望於日本人的良知，而他們卻認為我們這些可憐蟲在編造故事以敲詐他們的錢財……

如果你是一個不太喜歡狂熱，冒進的溫和派，那麼我個人認為你應該所做的是：把不買日貨這個原則默默地記在心裡，我們沒有必要非得用示威或游行來反對日本可恥的行為，我們應在心裡默默的抗議日本對我們犯下的錯誤和他們對這些錯誤無恥的抵賴，我們只需要在購買商品的時候更多的忽視一下日貨，能不買日貨就不要去買。相信自己，只要我們團結起來，人人都能做到這一點，就會使日本在經濟上受到打擊，就會使他們不敢再輕視我們的力量，如果你認為自己很狂熱，那麼可以先看看下面的數據：在世界各地，幾乎九十%的華人用的是：「日本車」，「日本電器」！我統計過：如果世界各地的所有華人停止購買日貨，日本每年的損失一千至一千四百億美元的外匯收入！外匯收入是任何一個國家的源泉和動力！它和國民經濟的關係是「一帶動八」，或者說：「損失一份外貿收入，這個國家就要損失八份的國內經濟收入！」。

換算一下：一千至一千四百億美元的外匯受入「等價於」一兆美元——日本經濟的總產值的五分之一（1/5）＝二十％！所以，如果世界各地華人同心協力，不用動刀動槍，就可制日本於死地！而且是永久的死地！我們應該學習猶太人——曾經集體拒買一家德國工廠的產品，最後導致這家公司的徹底破產！起因就是因為這個公司的總裁説了一些所謂「理解希特勒」的話！現在德國人對猶太人特別好！您知道為什麼嗎？

原因有二：一個是怕——因為猶太人特別團結；第二個是猶太人的狠——猶太人從來沒有放棄過對「納粹分子的追殺——只要在這個地球上發現有任何藏匿的納粹分子」，他們就一定就會「抓——綁架」，如果實在無法得手，那就「殺」！看看我們中國吧！？「對劊子手的仁慈，無疑就是自殺！」開始行動吧同胞們：五十年過去了，還要等嗎！？開始行動吧！！從我開始做起！從我家開始！從我的朋友開始做起！從我身邊的各個組織開始做起！只要大家共同努力。

最後，我想最多十年，全世界所有的華人都會做到！既使能做到一半（五十％）。對日本的打擊也是致命的！組織一個全球性的「拒買日貨復仇組織」！請在各地「串連串連」，好嗎！？同胞們，開始行動吧！可以印些傳單，讓大家意識「拒買日貨」的重要性！「拒買日貨」首先要防止被「日本狗」誤導有些所謂的「愛國人士」——（其時是被日本秘密收買的哈巴，目地是挑撥分離我們本來就不團結的中華大眾），經常提出：拒買日貨是不可能做到的，原因是幾乎所有的轎車，電器裡，多少都有日本的零件。所以還是打住吧！「拒買日貨就到此為止」是什麼用意！？那是因為日本害怕看到中國大眾組織起來，進而進行有效的「抵制日貨」運動！？

故而在這個五十多年來首次完全有可能組織某一個有效的全球性「拒買日貨」運動時，他們便會迫不及待地跳出來叫「停」！「拒買日貨」，並非像他們所說的哪樣——「因為這個計算機裡有一個或一些日本零件，我就不買；這電視裡有幾個日本造的電子器件，我就不要」。「拒買日貨」的口號實際上是要求全球中國人，在有選擇可能的情況下，盡量不買日本造的貨物，如汽車，電冰箱，洗衣機，電視，音響……等等！五十多年來，華人一直記恨於日本，但可笑的是卻沒有一個有力的「拒買日貨」組織！究其原因，就是因為中國有太多的日本狗從中挑撥分離我們本來就不團結的中華大眾！中國同胞們：清醒過來吧！千萬不要再被這種人玩耍了！

日軍入侵上海後，便在各地建立慰安所，供日軍發洩性慾。
（照片由朝鮮人強制連行真相調查團提供張平宜翻攝）

日軍一手製造出來的慰安婦制度，是亞洲受害婦女最暗無天日的一頁命運。（照片由朝鮮人強制連行真相調查團提供）

「拒買日貨」的意義

「拒買日貨」的意義是巨大的！她能讓我們不動一刀一槍就打擊了日本，同時又加快了中國經濟的發展！她能讓我們扼制日本，進而讓中國立於不敗之地！她能讓我們的子孫免遭我們的前幾代祖先和我們現代中國人所遭受的痛苦！！她最終也能讓這個幾百年來一直頑固不化，一再屠殺掠奪中國人民的醜陋民族遭受到它應有的懲罰！！！你以為這容易做到嗎？絕對不是！這需要我們大家的共同努力，才能讓全體中國人慢慢地，逐漸地意識到，然後才能真實地做到！！

不必要的擔心

1. 中日友好根本就不存在！過去沒有，現在沒有，將來也不會有！

2.現在中日兩國貿易總額每年達六百億美元。是不是因為我們全球中華大眾對日貨的抵制，中國就會受到損失？這是不會的！原因是：a.日本出口到中國的是高級奢侈品——我們中華大眾可以拒絕；b.中國出口到日本的是普通生活必須品——日本人很難抵制，他們其實是在享受著我們廉價的產品！

3.另外，從中國長遠利益來看，減少對日本產品的過分依賴，對中國的國家安全是非常重要的，比如日本參加美國的NMD，其目的就是與中國為敵！

＊＊＊敬請各位把這篇文章貼到你所知道的任何地方。死難的無數千萬同胞將感謝你！！

抵制日貨！請翻貼！轉貼！

亞洲慰安婦沈痛的怒吼

附件二：倭國狂想三十年滅亡中國

——中國人硬起來吧！

這是一個在日本 BBS 中人氣極旺的帖子，感謝一位不知名的網友，翻譯過來。本著「奇文共欣賞，疑義相與析」的原則，在論壇轉貼，給大家一個對「日本」這個禽獸國度清醒的認識，也讓大家瞭解一下什麼是我們一廂情願的所謂「日本人民」和「中日友好」，下面是日本網上的帖子：

「由於日本特殊的地理位置及資源的匱乏之性，決定了我國發展的終極形式是：發動戰爭！」我始終認為我們大和民族是世界上最優秀的民族。強烈的憂患意識與現實主義是支撐民族不斷創新與發展的精神之源，這就是勤儉智慧的大和人所獨有的奮爭精神。

然而，世界對我們卻是這樣的不公平，一些劣等民族占據著大片肥沃的土地，卻不能充分利用這些寶貴的資源，而我們擁有先進的技術、成熟的經驗、團結的意志，卻只能守著貧瘠的土地望洋興嘆。潛伏的危機使我們意識到涉獵在世界這個資源有限充滿殘酷爭奪的現代森林裏，只有保持旺盛的鬥志與適當的野性才能換取民族根本的生存，這就是地球生存的法則，這就是勤儉智慧的大和人所面臨的現實。

島國的命運最終將會覆滅於海底，匱乏的資源將會導致民族前進動力的絕斷。我們唯一的出路就是軍事擴張，運用大和民族的勇武、智慧與精神去征服亞洲，征服世界；去洗刷幾十年前聖戰未獲成功的恥辱，用大和民族的優秀去駕馭其他民族的低劣，從而推動整個世界的進步。這是天皇賦與日本民眾的使命，這是為維護大和民族高貴的尊嚴而開展的聖戰！

在幾十年前嘗試征服世界的聖戰中，我們得出兩條教訓：

1. 在未完全征服亞洲鞏固地位之前，不應招惹美國。在新的世紀裏，美國應是我們實現征服亞洲的很好夥伴與幫手，雖然在向征服世界的聖戰中，他會是我們的敵人。

2. 滅亡像中國這樣的大國時候，不能過於著急的一口吃掉，而應象吃生魚片一樣，一片一片的吃。中國不同於日本，他是個多民族混合的國家，自身矛盾很多，應該利用他們內部的分歧和差異，分裂這個國家，然後一個一個的消滅，新疆、西藏、青海、寧夏、滿洲等都應成為獨立自主的國家，分裂這些地區的根據就是他們獨有的民族性，這就是外界傳播的中國七塊論，我們具體為《分裂中國計劃》，這是我們征服亞洲，滅亡中國，進行聖戰的一部分。在中國，只有東部的漢人具有阻礙我們的能力，因此，如果中國被分裂成七個或幾個國家，漢人的力量就會被大大削弱，其戰略回旋的餘地也會大大的縮小，中國的滅亡，日本帝國的復興也就為期不遠了！

只要征服了中國，我們也就取得了征服亞洲的基礎，其他國家就會在漢人馴服的榜樣下，臣服於我們。只有這樣我們才具有擊垮美國，稱雄世界的本錢。當然，中國漢人的西部開發戰略對於這個問題會有一定的阻礙，但是我們不應放棄對於分裂中國的努力！因為發動聖戰是我們唯一的出路，日本欲征服世界，須先征服亞洲，欲征服亞洲，須先征服中國，欲征服中國，須先分裂削弱中國。日本是一個面積狹小的島國，軍事回旋餘地很小，只有發展強大的帝國艦隊，才能實現未來帝國對予聖戰的需要。

《大日本帝國與國聖戰計劃》之戰略步驟：

一、滅亡中國，征服亞洲

欲亡中國，須先分裂削弱中國：臺灣在我們的努力下已經分裂出去，下一步，我們應該采取對臺灣的絕對控制。即使這樣走我們也才走完了《分裂中國計劃》的第一步，新疆、西藏、滿洲相對乏力，以現有的技術與水平，日本的發展已至極限。不儘快發動聖戰，沒有任何資源支撐的日本經濟終會陷入崩潰。

但是，在嘗試對中國西部的分裂中，中國政府似乎已經覺察到了我們的計劃，並制定了《中國西部開發戰略》，這個具有民族同化作用的戰略，不但具有重要的經濟目的，也具有重大的戰略目的，這勢必封殺了我們的分裂計劃，但事物總有相反的作用，因為隨著漢人向西部少數民族區域的遷移，勢必會增加漢人與少數民族的接觸、同化與矛盾、磨擦並存，五至十年之內都不會形成漢人絕對的鞏固，我們正好可以利用這個機會製造挑起漢人與少數民族之間的矛盾、磨擦，勢態發展有可能會向利於我們的方向發展，因此對於中國西部的分裂計劃應堅決的執行下去。

另外在嘗試分裂滿洲的計劃中，我們卻受到了來自韓國的阻力，韓國至今仍不允許我大日本皇軍一兵一卒踏上韓國之國土，這將勢必阻礙我國對朝鮮半島的控制，勢必減緩對於滿蒙分裂的進程。對於韓國的抵制，可以利用外交手段緩和緊張，必要時可以利用美國的壓制，對於朝鮮可以利用美韓的軍事壓制。

中國是有可能干涉的，既然分裂沒那麼快實現，時間又不允許我們繼續拖延，我們應該適時使用大日本帝國強大的艦隊，利用台海衝突或第二次朝鮮戰爭一舉將中國龐大實際上並不可怕的艦隊摧毀，對於摧毀中國的艦隊，美國人是會支持的，臺灣人也是會支持的，南中國海周邊國家也是十分樂意的。如果成功，利用這次活動，我們就可以牢牢的控制住臺灣，並使之成為我們的軍事基地。

由於失去了海空權，中國人對於我們壓制朝鮮的反應也就顯得力不從心了。而支那人的形象會受到大大損害，支那人的精神與意志會受到極大打擊，他們將會再次陷入到大日本皇軍威脅的恐懼之中，政府的威信大大降低，從此中國賴以穩定的基礎被打破，借機挑動中國各區域的民族分裂勢力開展獨立復國運動，則中國不戰自弱。我們就可在滿蒙重建大日本皇軍關東軍本部，為滅亡漢人統治下的剩餘中國做準備。

還有一個問題就是不要擔心經濟貧困的俄羅斯會出兵干預，因為對於中國適量的削弱，俄羅斯也是十分歡迎的。通過車臣戰爭，也可以看出俄羅斯虛弱的軍事力量已無力支撐一場像樣的戰爭。

看來建立一支強大的帝國艦隊與實現海外派兵合法化，是實現發動聖戰的首要條件。計劃的時間安排：

一、二〇〇〇年，協助親日分子擊垮臺灣殘存親中勢力，扶持分裂勢力上臺執政（利用台獨先分裂台灣）。中國由於懼怕國外的恫嚇，憑著其現有武備還不敢冒然出兵收復臺灣，只會適當的擴充軍備等待時機。而我們也正好借機提升軍備，爭取用四—五年的時間，強化帝國海軍，積極謀求海外派兵合法化，並利用經濟緩和與對俄關係。

二、二〇一五年三月，示意臺灣當政者宣布《臺灣獨立宣言》，挑動中國大陸攻台，中台戰爭爆發。應臺灣要求，日向台派遣援台軍事部隊，進占尖閣列島（釣魚島），進駐臺灣，協助台軍作戰；日美台聯合艦隊突襲中國艦隊，向中國宣戰。十月，摧毀中國艦隊，奪取海空權，俄羅斯通過聯合國出面調停，中國與三方簽署停戰協定。

三、二〇一五年十二月，日軍應臺灣要求取得駐台合法權，把持親日當權政府。

四、二〇一六年一月，策反中國民族分裂分子，開展獨立復國運動，中國陷入內亂。

五、二〇一七年三月，臺灣發表政府聲明：臺灣自願併入日本版圖，日本政府表示不予接納，但允諾對其實施應有的保護，日台建立軍事同盟關係。

六、二〇一七年五月至八月，日美台韓聯軍收復北韓，宣布朝鮮統一。

七、二〇一八年二月，台軍反攻大陸，日台聯軍出兵滿蒙。二〇一九年五月，中國軍隊退守關內。日軍占領滿蒙，重建日本關東軍本部，構築侵華根本。

八、二〇二二至二〇二五年，發動對中國大陸的全面戰爭，滅亡中國，構築雄霸亞洲之基礎。

二、鞏固亞洲地位，稱雄世界

日本在滅亡中國後，理應成為亞洲當之無愧的領袖，要用優秀的大和民族精神去震懾劣等民族的精神，要消滅他們的語言、習俗及奢靡的生活方式，即劣等民族的劣根性，要消滅這些民族的存在，消滅他們的一切，轉而學習我們的一切，要在他們的土地上用我們的方式培育出支那日本人、臺灣日本人與朝鮮日本人，要使整個亞洲不但統一成一個國家，而且還要統一成一個民族，那就是大和民族。實現這個目標要靠大和民族強大的合力、超人的智慧、無畏的奮進，並徹底臣服於大日本帝國的腳下，讓他們無限的忠誠於我們。只有這樣，我們才能牢牢的掌握住亞洲，進而征服整個世界！

征服世界，僅僅依靠日本帝國的力量還是遠遠不夠的，還需要一些得力的幫手與夥伴。美國是同我們瓜分世界的最好夥伴，利用美國壓制歐洲，協助德國日爾曼法西斯政黨重新掌握政權，再利用德國日爾曼人征服歐洲。事實證明在上一次為了聖戰而簽署的盟約中，允許意大利人的加入對於日本的聖戰是一個錯誤的決定，羅馬帝國的後裔已經喪失了先輩奮爭的精神，成為無知的劣等民族，就像我們先輩崇尚的漢唐人，在退化成為低劣的漢人，他們擺脫不了被統治的命運。

最後，待我們牢牢控制了亞洲，德國與美國控制了歐洲，而後合力從兩面將俄國一舉滅亡。

陳福成 60 著編譯作品彙編總集

編號	書　　　　名	出版社	出版時間	定價	字數（萬）	內容性質
1	決戰閏八月：後鄧時代中共武力犯台研究	金台灣	1995.7	250	10	軍事、政治
2	防衛大臺灣：臺海安全與三軍戰略大佈局	金台灣	1995.11	350	13	軍事、戰略
3	非常傳銷學：傳銷的陷阱與突圍對策	金台灣	1996.12	250	6	傳銷、直銷
4	國家安全與情治機關的弔詭	幼　獅	1998.7	200	9	國安、情治
5	國家安全與戰略關係	時　英	2000.3	300	10	國安、戰略研究
6	尋找一座山	慧　明	2002.2	260	2	現代詩集
7	解開兩岸 10 大弔詭	黎　明	2001.12	280	10	兩岸關係
8	孫子實戰經驗研究	黎　明	2003.7	290	10	兵學
9	大陸政策與兩岸關係	黎　明	2004.3	290	10	兩岸關係
10	五十不惑：一個軍校生的半生塵影	時　英	2004.5	300	13	前傳
11	中國戰爭歷代新詮	時　英	2006.7	350	16	戰爭研究
12	中國近代黨派發展研究新詮	時　英	2006.9	350	20	中國黨派
13	中國政治思想新詮	時　英	2006.9	400	40	政治思想
14	中國四大兵法家新詮：孫子、吳起、孫臏、孔明	時　英	2006.9	350	25	兵法家
15	春秋記實	時　英	2006.9	250	2	現代詩集
16	新領導與管理實務：新叢林時代領袖群倫的智慧	時　英	2008.3	350	13	領導、管理學
17	性情世界：陳福成的情詩集	時　英	2007.2	300	2	現代詩集
18	國家安全論壇	時　英	2007.2	350	10	國安、民族戰爭
19	頓悟學習	文史哲	2007.12	260	9	人生、頓悟、啓蒙
20	春秋正義	文史哲	2007.12	300	10	春秋論文選
21	公主與王子的夢幻	文史哲	2007.12	300	10	人生、愛情
22	幻夢花開一江山	文史哲	2008.3	200	2	傳統詩集
23	一個軍校生的台大閒情	文史哲	2008.6	280	3	現代詩、散文
24	愛倫坡恐怖推理小說經典新選	文史哲	2009.2	280	10	翻譯小說
25	春秋詩選	文史哲	2009.2	380	5	現代詩集
26	神劍與屠刀（人類學論文集）	文史哲	2009.10	220	6	人類學
27	赤縣行腳・神州心旅	秀　威	2009.12	260	3	現代詩、傳統詩
28	八方風雨・性情世界	秀　威	2010.6	300	4	詩集、詩論
29	洄游的鮭魚：巴蜀返鄉記	文史哲	2010.1	300	9	詩、遊記、論文
30	古道・秋風・瘦筆	文史哲	2010.4	280	8	春秋散文
31	山西芮城劉焦智（鳳梅人）報研究	文史哲	2010.4	340	10	春秋人物
32	男人和女人的情話真話（一頁一小品）	秀　威	2010.11	250	8	男人女人人生智慧

陳福成 60 著編譯作品彙編總集

33	三月詩會研究：春秋大業 18 年	文史哲	2010.12	560	12	詩社研究
34	迷情・奇謀・輪迴（合訂本）	文史哲	2011.1	760	35	警世、情色
35	找尋理想國：中國式民主政治研究要綱	文史哲	2011.2	160	3	政治
36	在「鳳梅人」小橋上：中國山西芮城三人行	文史哲	2011.4	480	13	遊記
37	我所知道的孫大公（黃埔 28 期）	文史哲	2011.4	320	10	春秋人物
38	漸陳勇士陳宏傳：他和劉學慧的傳奇故事	文史哲	2011.5	260	10	春秋人物
39	大浩劫後：倭國「天譴說」溯源探解	文史哲	2011.6	160	3	歷史、天命
40	臺北公館地區開發史	唐　山	2011.7	200	5	地方誌
41	從皈依到短期出家：另一種人生體驗	唐　山	2012.4	240	4	學佛體驗
42	第四波戰爭開山鼻祖賓拉登	文史哲	2011.7	180	3	戰爭研究
43	臺大逸仙學會：中國統一的經營	文史哲	2011.8	280	6	統一之戰
44	金秋六人行：鄭州山西之旅	文史哲	2012.3	640	15	遊記、詩
45	中國神譜：中國民間信仰之理論與實務	文史哲	2012.1	680	20	民間信仰
46	中國當代平民詩人王學忠	文史哲	2012.4	380	10	詩人、詩品
47	三月詩會 20 年紀念別集	文史哲	2012.6	420	8	詩社研究
48	臺灣邊陲之美	文史哲	2012.9	300	6	詩歌、散文
49	政治學方法論概說	文史哲	2012.9	350	8	方法研究
50	西洋政治思想史概述	文史哲	2012.9	400	10	思想史
51	與君賞玩天地寬：陳福成作品評論與迴響	文史哲	2013.5	380	9	文學、文化
52	三世因緣：書畫芳香幾世情	文史哲				書法、國畫集
53	讀詩稗記：蟾蜍山萬盛草齋文存	文史哲	2013.3	450	10	讀詩、讀史
54	嚴謹與浪漫之間：詩俠范揚松	文史哲	2013.3	540	12	春秋人物
55	臺中開發史：兼臺中龍井陳家移臺略考	文史哲	2012.11	440	12	地方誌
56	最自在的是彩霞：台大退休人員聯誼會	文史哲	2012.9	300	8	台大校園
57	古晟的誕生：陳福成 60 詩選	文史哲	2013.4	440	3	現代詩集
58	台大教官興衰史話	文史哲				台大、教官
59	爲中華民族的生存發展進百書疏：孫大公的思想主張書函手稿	文史哲	2013.7	480	10	書簡
60	把腳印典藏在雲端：三月詩會詩人手稿詩	文史哲				手稿詩
61	英文單字研究：徹底理解英文單字記憶法	文史哲				英文字研究
62	迷航記：黃埔情暨陸官 44 期一些閒話	文史哲	2013.5	500	10	軍旅記事
63	天帝教的中華文化意涵：掬一瓢《教訊》品天香	文史哲			10	宗教思想
64	一信詩學研究：徐榮慶的文學生命風華	文史哲			10	文學研究
65	「日本問題」的終極處理 ── 廿一世紀中國人的天命與扶桑省建設要綱	文史哲	2013.7	140	2	民族安全

陳福成國防通識課程著編作品

（各級學校教科書）

編號	書　　名	出版社	教育部審定
1	國家安全概論（大學院校用）	幼　獅	民國 86 年
2	國家安全概述（高中職、專科用）	幼　獅	民國 86 年
3	國家安全概論（台灣大學專用書）	台　大	（台大不送審）
4	軍事研究（大專院校用）	全　華	民國 95 年
5	國防通識（第一冊、高中學生用）	龍　騰	民國 94 年課程要綱
6	國防通識（第二冊、高中學生用）	龍　騰	同
7	國防通識（第三冊、高中學生用）	龍　騰	同
8	國防通識（第四冊、高中學生用）	龍　騰	同
9	國防通識（第一冊、教師專用）	龍　騰	同
10	國防通識（第二冊、教師專用）	龍　騰	同
11	國防通識（第三冊、教師專用）	龍　騰	同
12	國防通識（第四冊、教師專用）	龍　騰	同

註：以上除編號 4，餘均非賣品，編號 4 至 12 均合著。